COLLECTION
FICHEBOOK

JEAN-PAUL SARTRE

Les Mots

Fiche de lecture

Les Éditions du Cénacle

© Les Éditions du Cénacle, 2020.

1 rue Honoré - 93500 Pantin.

ISBN 978-2-36788-809-5

Dépôt légal: Juin 2020

Impression Books on Demand GmbH

In de Tarpen 42

22848 Norderstedt, Allemagne

SOMMAIRE

• Biographie de Jean-Paul Sartre.................... 9

• Présentation de *Les Mots*.......................... 13

• Résumé du roman................................... 17

• Les raisons du succès.............................. 25

• Les thèmes principaux............................. 35

• Étude du mouvement littéraire................... 35

• Dans la même collection........................... 41

BIOGRAPHIE

JEAN-PAUL SARTRE

Jean-Paul Sartre naît à Paris le 21 juin 1905 dans une famille intellectuelle bourgeoise. Il est fils unique et ne connaît pas son père, qui meurt un peu plus d'un an après sa naissance. L'image paternelle de référence pour le petit Sartre est alors celle de son grand-père maternel, l'exigeant Karl Schweitzer. Entre son grand-père et sa mère, il est adulé, il est le fils unique que l'on adore et que l'on protège.

Destiné depuis l'enfance à un parcours littéraire brillant, il entre au lycée Henri IV, où il rencontre l'écrivain Paul Nizan, avant d'être reçu à l'Ecole Normale Supérieure en 1924. Il est remarqué dans ses études pour son esprit brillant et son caractère provocateur. Travailleur acharné, il est finalement reçu premier au concours de l'agrégation de philosophie, tandis que Simone de Beauvoir, qu'il a rencontrée en préparant le concours et qui est devenue son « amour nécessaire », est reçue deuxième. Il devient alors professeur de philosophie dans un lycée au Havre et connaît une vie paisible, pourtant loin des rêves de gloire qu'il s'était forgés. Cependant il écrit, et parvient à publier sa première oeuvre, *La Nausée*, en 1938, alors qu'il venait d'être muté à Neuilly. Mais la guerre le surprend et il rejoint le front à Nancy en 1939. Il écrit pendant cette période les *Carnets de la drôle de guerre*, avant d'être fait prisonnier en 1940 et envoyé dans un camp de détenus en Allemagne. Lorsqu'il rejoint Paris en 1941 après sa libération, il s'engage dans la résistance, éveillé par les épreuves à la cause de la communauté. Sa pièce de théâtre *Les Mouches*, publiée en 1943, est un symbole de son engagement contre l'oppression allemande, et il devient rédacteur pour le journal *Combat* à la fin de la guerre. Cela ne l'empêche pas de poursuivre sa carrière littéraire et philosophique, et il écrit successivement *L'Etre et le Néant* et la pièce *Huis-Clos*. C'est en héros de la résistance et en tant que professeur de khâgne émérite, grande figure intellectuelle parisienne, qu'il est reconnu après la victoire de 1945. Il fonde en 1945 la Revue des *Temps Modernes*, à travers laquelle il diffuse sa théorie de l'existentialisme, qui devient peu à peu une référence de vie et de pensée pour toute une génération. Il devient l'un des écrivains phares du XXᵉ siècle, représentant le type de l'intellectuel engagé. La pensée existentialiste rend nécessaire le rapport à la politique, et Sartre fonde un Parti, le Rassemblement Démocratique Révolutionnaire, qu'il devra cependant démanteler en 1949. Il se rapproche du Communisme dans les années 1950, et défend l'idée d'une Algérie indépendante durant le conflit colonial. Bien qu'il prenne ensuite ses distances avec le communisme, il militera pour une politique de gauche jusqu'à la fin de sa vie.

Les années 60 voient naître la pensée structuraliste de Levi-Strauss, Foucault et Lacan, et l'existentialisme perd du terrain. Sartre publie en 1964 *Les Mots*, texte autobiographique et assassin de la littérature, rejoignant l'oeuvre qu'il avait publiée sur Flaubert quelques années auparavant. C'est pour Les Mots qu'il refuse le prix Nobel de littérature, rejetant le fait d'être consacré de son vivant. Alors que sa santé décline dans les dernières années de sa vie, il poursuit son engagement politique à travers diverses causes, militant en mai 68, défendant en 1979 les réfugiés d'Indochine. Il meurt en avril 1980 à l'âge de 75 ans, et son cortège est suivi avec émotion par une foule immense. Simone de Beauvoir, à sa mort en 1986, sera enterrée à ses côtés.

PRÉSENTATION DE
LES MOTS

Les Mots sont la dernière œuvre de Sartre, un ultime bilan, son adieu à la littérature. Il annonçait à la fin du livre un prochain ouvrage, une continuité des *Mots*, qui n'est jamais parue, la mort l'emportant avant qu'il ait pu s'y consacrer. Rédigé à partir de 1953, le livre n'est publié que dix ans plus tard, en 1964, aux éditions Gallimard. C'est pour cette oeuvre, l'année même de sa parution, que Sartre se voit attribuer le prix Nobel de littérature qu'il refuse. Ce refus est demeuré célèbre dans l'histoire littéraire. Sartre ne concevait pas qu'il puisse être consacré de son vivant, et refusait également l'idée d'être lié à quelconque institution.

Les Mots est une autobiographie, née du désir de l'auteur de revenir sur les années de son enfance, de ses 4 ans jusqu'à son entrée au collège à 11 ans, et de dénoncer en même temps la supercherie de la culture qui le formata à un avenir d'écrivain. C'est avec une ironie extrême qu'il évoque sa famille, et lui-même, être insipide jouant la comédie pour être reconnu par l'autorité familiale dans un rôle préfabriqué qui devient son seul moyen d'exister. Le titre original du livre était *Jean sans terre*, par allusion à l'absence du père, l'absence de tout sentiment d'appartenance et d'identité que ressentit Sartre depuis sa naissance. Le titre *Les Mots* quant à lui, ainsi que les deux sections du récit : « Lire », « Ecrire », évoquent davantage le lien du narrateur avec la littérature, qui fut dans son enfance une imposture à dénoncer, un moyen de recréer le réel, de singer la vraie vie. Et en même temps, ce sont ces mêmes mots qui tissent le récit et permettent la dénonciation, et cette contradiction fait du récit à la fois une critique cinglante de la littérature vue comme instrument d'une culture bourgeoise aliénante, et un éloge de la littérature « vraie », celle qui incarne *l'Etre* et qui dénonce *le Néant* de la précédente. A travers lui, à travers son enfance, c'est l'hypocrisie de la classe bourgeoise et finalement tout le système d'une époque qu'il entend mettre à jour et démonter, avant de quitter la scène. Il s'agit donc d'un livre que l'on réduirait à qualifier de simple « autobiographie », car le sujet personnel et le voeu de sincérité sont subordonnés à la volonté de l'auteur de dresser une théorie de l'existence et une dénonciation du mensonge littéraire. C'est le narrateur, Sartre adulte, qui recrée la comédie de son enfance en l'éclairant de ses réflexions ultérieures, sans jamais se plaire à se replonger simplement dans l'émotion première de l'enfance. Le sujet autobiographique se fait donc l'instrument d'une pensée, et l'enfant Sartre devient l'emblème, le martyr de cette mascarade bourgeoise aliénante. Paradoxalement, *Les Mots* sont à la fois une négation de la culture et une brillante oeuvre littéraire.

RÉSUMÉ DU ROMAN

I-Lire

Dans son autobiographie, Sartre commence par faire cas de l'histoire familiale, évoquant des événements qui précédèrent sa naissance : l'histoire de son grand-père Charles Schweitzer, professeur d'allemand au caractère bien trempé, sa femme Louise, discrète et réservée, et leur fille cadette, Anne-Marie, sa mère, qui épousa Jean-Baptiste Sartre, et eut son fils unique avant la mort de son mari. Elle retourna vivre chez ses parents et connut une vie morne et dévouée.

Les premières années de Sartre sont marquées par l'absence d'un père dont on a effacé l'image, la proximité d'une mère qui est presque une soeur, et l'image omniprésente d'un grand-père autoritaire à la vanité impérieuse, mais qui voit en son petit-fils une source d'émerveillement continu. Intransigeant avec tous les membres de sa famille, il idolâtre le petit Sartre. Ce dernier est un enfant modèle qui fait tout pour être admiré, se livrant à diverses comédies afin de renvoyer l'image qu'on attend de lui. Le narrateur exprime avec ironie cette réalité, qui consistait à renvoyer à l'enfant un miroir idéal, une image parfaite de lui-même, dans le seul but de satisfaire les exigences narcissiques et les angoisses de mort des adultes, du grand-père surtout.

Le petit Sartre est très tôt confronté aux livres, ceux des grands auteurs, de Rabelais à Hugo en passant par Corneille et Flaubert, et désire vite apprendre à lire leur contenu, ce à quoi il s'exerce assidûment, avalant dans la bibliothèque de son grand-père de grands récits qu'il ne comprend pas. Les auteurs s'incarnent dans leur livre et deviennent ses amis proches, éternels, intemporels. Les livres deviennent sa religion, il se livre à la comédie de la lecture, aimant ainsi l'image qu'il renvoie aux adultes. Sa mère l'introduit pourtant à la lecture de romans de son âge, qu'il aime pour leurs histoires et leurs aventures, et cultive alors deux goûts opposés : les lectures sérieuses et sacrées, et celles qui l'attirent pour leur légèreté profane. Il entre ensuite à l'école, favorisé par son instituteur qui est un collègue de son grand-père.

Mais l'enfant commence à ressentir sa propre inutilité, la vanité de son existence. Sartre écrivain dénonce l'utilisation que les adultes ont fait de lui, l'image creuse de ce qu'ils aimeraient voir, un être sans consistance propre et sans volonté. Le manque d'un père a contribué à cette défaillance. La prise de conscience de sa transparence l'amène à la conscience de la mort, puis de sa propre laideur. Le bonheur et la confiance en lui se brisent.

De six à neuf ans, il se réfugie dans un monde imaginaire : il découvre les débuts du cinéma et vit dans ses jeux ces histoires d'aventure, tout en continuant d'envier l'immortalité des grands auteurs, leur gloire, leur caractère indispensable. En parallèle, il désire partager les jeux des autres enfants sans jamais se résoudre à les rejoindre. Sans cesse à l'écart du monde, il va se lancer dans une nouvelle voie, mais aussi, aux yeux du Sartre narrateur, une nouvelle imposture.

II-Ecrire

L'enfant réagit alors en se réfugiant dans l'orgueil du créateur, jouant cette fois l'imposture de l'écrivain, n'apercevant comme seul avenir possible que celui qui correspond aux espoirs que les adultes ont placés en lui. Il commence à écrire en copiant le langage des adultes, correspondant en vers avec son grand-père, qui encourage son entreprise. Puis il expérimente la prose, réécrivant ses histoires préférées. Le jeu du plagiat le ravie, il recopie dans ses récits des articles de l'encyclopédie Larousse, et la comédie de l'écrivain le transporte. Bien que son grand-père n'approuve pas ces histoires légères, ces « sottises », cela ne décourage pas le petit Sartre, et les adultes commencent à dire à voix haute que l'enfant est fait pour écrire.

Puis Karl Schweitzer, se défiant de la vie souvent houleuse de l'écrivain, annonce solennellement à son petit fils qu'il doit se destiner à l'étude des Lettres, au parcours universitaire qui le mènera au métier de professeur. L'enfant s'y engouffre, par devoir, par obéissance, par conscience de la sérieuse grandeur de sa mission, et abandonne ses récits d'aventures. Persuadé qu'il n'a pas de talent ni d'inspiration, il s'attelle à l'étude, à la rigueur de l'apprentissage. Dès lors il se consacre à devenir indispensable, à être celui qui comble une attente, un vide chez ceux qui le lieront, à devenir nécessaire. S'affrontent alors en lui le voeu de son grand-père (devenir professeur) et son désir orgueilleux (devenir écrivain, exister en soi).

Un mot de son grand-père le pousse donc à concevoir la littérature comme une chose sacrée, rédemptrice. Sartre narrateur juge cette nouvelle imposture, l'analysant comme un désir de se sauver lui-même de son ennui en prétendant sauver le peuple par ses oeuvres futures. Exister pour le petit Sartre, c'était être gravé dans la pérennité inaltérable du Verbe. Il n'y avait de réalité, de vérité qu'écrites dans la puissance révélatrice des mots.

Sartre évoque alors dans une digression ses années d'études à l'Ecole Normale supérieure, en compagnie de ses amis, dont l'écrivain Paul Nizan, et affirme leurs désaccords au sujet de la mort : eux la craignent, lui non. Il s'est très tôt voué à la mort, en a fait le but ultime de son existence. A neuf ans, il avait eu cette résolution de vivre dans un passé révolu, comme un monument ennuyeux voué à l'immortalité.

La guerre éclate en 1914, et le petit Sartre reprend le récit de ses histoires, mais il découvre alors qu'il ne prophétise pas, qu'il n'apporte aucune vérité dans ses contes mais une simple imagination arbitraire et inutile. Il arrête d'écrire et entend percer les secrets de la littérature. Il développe une grande complicité avec sa mère. Puis il entre au lycée Henri IV, et après des débuts difficiles, parvient à devenir un bon élève. Il est entouré d'amis, à son plus grand étonnement, et retrouve des gens qui lui ressemblent. Dès lors il ne fait plus semblant d'exister, et devient vrai auprès de ses semblables, les enfants de la bourgeoisie. Il est question de sa rencontre avec Paul Nizan, avec qui il ne sera véritablement ami que plus tard.

Il entame alors une course au progrès, rejetant et dépréciant le passé pour se projeter toujours dans un avenir meilleur, se déniant lui-même constamment et pensant s'améliorer dans le futur. L'enfant de dix ans semble grandir chaque jour. Mais cette « folie » est pourtant la source d'une dynamique de production.

Sartre narrateur conclut par ce qui fût sa doctrine religieuse, sa foi littéraire qui était un dogme qu'il appliquait sans y croire, par conformisme, par automatisme. La littérature était donc un leurre, une duperie, une illusion d'existence. Conscient de son errance et de sa folie, Sartre n'est plus dupe de lui-même, mais il est désabusé, et bien que ses confessions mènent fatalement à une négation de l'écriture, il continue d'écrire, car c'est la seule chose qu'il puisse faire, c'est son métier, son automatisme. Il annonce donc un livre futur qui serait une continuité des *Mots*, car si la culture ne guérit pas, ne sert pas l'humanité, elle est un reflet de soi, et les derniers mots du livre sont des mots d'humilité, de la part d'un auteur qui n'a jamais pensé avoir le moindre talent.

LES RAISONS DU SUCCÈS

Lorsqu'il publie *Les Mots*, Sartre jouit déjà d'une grande notoriété et d'un succès certain dans le domaine philosophique et littéraire. Professeur de philosophie émérite, il est également investi dans le combat politique, mettant ses idées au service de la réalité de son époque. Il est donc un intellectuel, un penseur engagé dans les problèmes de son temps, acteur au sein d'une génération agissante qui souhaite prendre en main son destin. Grand auteur du XXe siècle, Sartre est également un maître à penser, père de la théorie de l'existentialisme, qui enseigne que l'Homme doit se construire par ses actes, devenir un être à part entière à travers l'existence même. « L'existence précède l'essence », aucune donnée prédéfinie ne nous détermine à la naissance, nous ne sommes que la somme de nos actes et portons la responsabilité de ce que nous faisons et avons fait. Cette philosophie de vie devint une référence pour les générations d'après-guerre, et Sartre fut apprécié par une population fort variée, qui pouvait se reconnaître et trouver nourriture dans des œuvres diverses par leur ton et leur forme, des pièces de théâtres comme *Les Mouches* ou *Huis-Clos* aux essais philosophiques comme *L'Etre et le Néant*. Sartre étant donc un auteur fameux, la publication tardive de son autobiographie a éveillé d'emblée l'intérêt du public. Mais elle a aussi beaucoup surpris : celui qui était exclusivement engagé dans l'action politique depuis plusieurs années, après la signature du *Manifeste des 121* et son opposition à la guerre d'Algérie, fait un retour remarqué sur la scène littéraire. Après avoir fait de l'écrivain l'homme engagé par excellence, il renie la littérature.

Ce dernier livre est l'aboutissement d'un chemin de vie, la dernière chaîne brisée dans la prison de la conformité préétablie. Détesté également pour son engagement à gauche et ses idées socialistes, son roman *Les Mots* lui vaut pourtant une approbation unanime, puisqu'on lui attribue même le

Prix Nobel en 1964. Autobiographie, parodie d'une autobiographie, en tout cas la virtuosité du style, le génie des formules et la délicieuse auto-critique font mouche. Renouvelant le genre autobiographique, Sartre ne fait jamais preuve d'aucune complaisance et passe son enfance bourgeoise au vitriol. L'écriture a été l'objet d'un long travail de perfectionnement : « un objet qui se conteste soi-même doit être écrit le mieux possible » nous dit Sartre, et la valeur littéraire des Mots a été saluée à l'unanimité.

LES THÈMES
PRINCIPAUX

Dans *Les Mots*, Sartre explore le monde de son enfance, afin de révéler pour mieux les déconstruire, les maillons de la chaîne artificielle des événements qui l'ont conduit à devenir écrivain. Le thème principal est donc la mise en scène et la dénonciation de la « comédie de la culture ».

Cette mascarade fait tout d'abord de l'enfant un « bouffon », un être inconsistant, insipide, et représente donc une souffrance, un vide intérieur, une conscience d'un « néant ». Les auteurs de cette figure irréelle, de ce personnage farcesque sont les adultes : le père tout d'abord, par son absence, a permis au grand-père d'imposer sa toute-puissance sur l'enfant, et sa disparition précoce a retiré au petit Sartre tout sentiment d'appartenance et d'identité. Lorsque Sartre narrateur dit : « La mort de Jean-Baptiste fut la grande affaire de ma vie : elle rendit ma mère à ses chaînes et me donna la liberté », il s'agit d'une liberté d'action infinie, sans autorité paternelle pour enfermer l'enfant dans un cadre spécifique. Seulement cette absence de cadre, justement, sera finalement vécue comme une grande souffrance pour lui, puisqu'il ne se reconnaît dans rien et ne possède aucun repère structurant :

« Dans mes rares minutes de dissipation ma mère me chuchotait : « Prends garde ! Nous ne sommes pas chez nous ! » Nous ne fûmes jamais chez nous : ni rue Le Goff ni plus tard, quand ma mère se fut remariée. Je n'en souffrais pas puisqu'on me prêtait tout ; mais je restais abstrait. Au propriétaire, les biens de ce monde reflètent ce qu'il est ; ils m'enseignaient ce que je n'étais pas : *je n'étais* pas consistant ni permanent ; *je n'étais pas* le continuateur futur de l'oeuvre paternelle, *je n'étais pas* nécessaire à la production de l'acier : en un mot je n'avais pas d'âme. »

Manquant de cette référence identitaire, l'enfant en cherche une chez sa mère, qu'il ne trouve pas, puisqu'il la considère davantage comme une grande soeur. Il noue en effet avec elle une complicité, mais elle lui renvoie surtout l'image d'une personne fragile, soumise à l'autorité des grands-parents au même titre que son fils, et qu'il faut protéger face à l'adversité :

« [...] je trottinais d'un air dur, la main dans la main de ma mère et j'étais sûr de la protéger. »

La principale référence autour de laquelle s'est construit Sartre, c'est son grand-père, Karl Schweitzer :

« restait le patriarche : il ressemblait tant à Dieu le Père qu'on le prenait souvent pour lui. » Son autorité fait loi dans la maisonnée, mais comme il voit le petit « Poulou » comme sa « merveille », ce dernier devient alors l'enfant roi, adoré et intouchable, vivant sur la scène d'un paradis factice :

« Ma vérité, mon caractère et mon nom étaient aux mains des adultes; j'avais appris à me voir par leurs yeux ; j'étais un enfant, ce monstre qu'ils fabriquent avec leurs regrets. »

Dénué de profondeur, son grand malheur est de ne pas se sentir exister :

« Les cailloux du Luxembourg, M. Simonnot, les marronniers, Karlémami, c'étaient des êtres. Pas moi : je n'en avais ni l'inertie ni la profondeur ni l'impénétrabilité. J'étais *rien* : une transparence ineffaçable. »

Interviennent alors les livres, la littérature, les mots, nouvelle comédie, nouvelle imposture. L'enfant se réfugie dans les histoires, les écrits des grands écrivains, pour fuir une réalité qui le rejette. Enfermé dans l'espace clos de sa famille, sous le regard de son grand-père, il demeure confiné dans cette sphère protectrice qui lui offre le confort et l'illusion d'exister. D'abord lecteur des classiques qu'il ne comprend pas et des romans d'aventure pour son âge, il reproduit dans ses jeux ce monde imaginaire imitant la réalité. Puis il s'empare du pouvoir d'écrire, et l'orgueil du créateur le console de ne pas exister lui-même, puisqu'il peut faire naître par les mots, par l'écriture, une vérité qu'il estime nécessaire et porteuse d'une valeur sublime qui dépasse toute réalité concrète et physique. Mais les trois impostures : les actes de l'enfant qui veut se faire aimer, la lecture, puis l'écriture, participent toutes à l'effort de combler un vide. Mais en voulant habiter son propre néant, l'enfant renforce à ses dépends sa propre transparence en se réfugiant derrière un mensonge. Les jeux où il interprète au gré de ses fantaisies les héros de ses histoires en se faisant acteur, ses efforts de copistes pour nourrir ses premiers récits, tout est vain et participe d'une même volonté de revanche sur un réel impossible à saisir.

Afin de dénoncer le mensonge et de faire tomber les masques, Sartre établit une écriture de la déconstruction. Face à son propre néant, il ne choisit jamais l'apitoiement, mais préfère toujours l'auto-ironie, qu'il exerce avec une verve fulgurante et l'art de la formule dense et lapidaire :

« Jean-Baptiste [...] fit la connaissance d'Anne-Marie Schweitzer, s'empara de cette grande fille délaissée, l'épousa, lui fit un enfant au galop, moi, et tenta de se réfugier dans la mort. »

L'humour noir, tonalité du désenchantement qui domine tout le roman, possède un fort pouvoir de dédramatisation qui place l'auteur bien au-dessus des faits qu'il rapporte : en usant d'un tel recul, il est d'autant plus apte à juger, à théoriser, à développer sa propre vision d'adulte sur son enfance, qui est elle-même minutieusement reconstruite de toute pièce. Cette autobiographie n'est donc pas classique, elle ne traite pas de la mélancolie d'une enfance disparue et ne cède pas à la complaisance du souvenir nostalgique. L'enfant n'y est pas un héros mais un imposteur, et s'il prend l'apparence de l'enfant roi sur lequel on s'extasie, Sartre n'oublie jamais de faire ressentir au lecteur tout ce que cette position a de faux et de trompeur :

« On m'adore, donc je suis adorable. Quoi de plus simple, puisque le monde est bien fait ? On me dit que je suis beau et je le crois. »

Ses formules véhiculent presque systématiquement l'ironie méprisante pour tout cet émerveillement stérile des adultes pour l'enfant :

« Ce n'est pas assez que mon naturel soit bon ; il faut qu'il soit prophétique : la vérité sort de la bouche des enfants. [...] Donc je suis un caniche d'avenir ; je prophétise »

Toujours la comédie enfantine est accompagnée d'un franc ridicule :

« je pose mes cubes les uns sur les autres, je démoule mes pâtés de sable, j'appelle à grands cris ; quelqu'un vient qui s'exclame ; j'ai fait un heureux de plus. »

« L'enfant merveilleux » est bien sûr une antiphrase, que l'on pourrait extraire comme formule résumant l'ensemble du texte. L'autodérision et le pessimisme dominent tout le livre, et sont également un moyen d'établir une complicité avec le lecteur, en même temps qu'ils dénoncent par l'ironie une réalité. Le roman accomplit alors le tour de force qui consiste à dénoncer le mensonge des mots en usant avec génie de l'écriture assassine et de la dynamique de la narration.

ÉTUDE DU MOUVEMENT LITTÉRAIRE

Jean Paul Sartre se situe dans le mouvement philosophique qu'il a lui-même contribué à créer, celui de l'existentialisme. Professeur de philosophie, ses écrits littéraires sont
une expression de sa pensée. Ce mouvement tel que Sartre
l'a conçu est né après la guerre, et peut être résumé par la
formule consacrée « l'existence précède l'essence » et véhi-
cule les principes de liberté et de responsabilité. Liberté car
aucun homme n'est considéré comme ayant une essence ou
une destination préétablie, et aucun dogme ne peut gérer la
vie d'un individu sans l'aliéner. La croyance en Dieu est donc
généralement rejetée par les existentialistes athées comme
Sartre. Responsabilité ensuite comme réponse à cette liberté :
chacun est responsable de ses actes, puisque ces derniers sont
le seul moyen pour l'homme d'exister et qu'il se construit par
eux tout le long de sa vie, il est responsable de chacune de
ses actions.

D'autres concepts importants sont développés par les pen-
seurs existentialistes, comme l'angoisse (présent dans *La
Nausée*, de Sartre, 1938), réaction de peur face à sa propre
liberté que l'on ne sait pas comment gérer; la mauvaise foi,
qui consiste à vivre selon une étiquette prédestinée (un métier
ou un milieu social) en pensant qu'il s'agit de son essence
propre, de son identité, alors que ce n'est qu'une donnée
contingente qui ne nous représente pas en tant qu'homme, car
l'homme est une existence et non une fin en soi (on trouve en
filigrane cette dénonciation dans *Les Mots*). Autrui est également important (c'est l'un des thèmes de la pièce de théâtre
Huis-Clos), car il est celui qui possède sa propre liberté oppo-
sée à celle du moi, et qui rentre donc en conflit avec elle.
Pourtant l'homme ne peut se construire qu'en confrontant sa
liberté à celle d'autrui. Parmi les existentialistes rassemblés
autour de Jean-Paul Sartre on trouve Albert Camus, Simone de
Beauvoir, et Merleau-Ponty. L'existentialisme philosophique

n'est pas né avec Sartre, il existe d'abord au XVIIᵉ avec Pascal, puis avec Kierkegaard au XIXᵉ, philosophe danois qui questionne les contradictions de l'existence humaine, et enfin avec Nietzsche et Heidegger, l'un par son nihilisme, l'autre par ses réflexions sur « l'étant » et l'ontologie.

La philosophie de Sartre, qui imprègne ses oeuvres, a connu un franc succès qui lui a valu de devenir un mode de vie, dont le quartier représentatif était Saint-Germain-des-Prés dans le 6ᵉ arrondissement de Paris. Par sa simplicité et son caractère accessible, le texte de Sartre *L'Existentialisme est un humanisme* a permis à un public très large d'entrer dans cette philosophie et de l'adopter. Cependant le texte ne demeure qu'une introduction à la pensée sartrienne et n'en révèle pas toute la complexité. L'action et l'engagement sont nécessaires pour l'existentialiste, à plus forte raison pour l'écrivain, qui est maître d'une parole agissante, et possède un rôle à jouer sur la scène de la communauté humaine. Il est celui qui s'explore lui-même et qui explore également le monde. Sartre et Simone de Beauvoir s'engagent en effet dans la seconde guerre mondiale en fondant la revue des *Temps modernes*. En littérature, de nombreux auteurs sont associés par leurs oeuvres à l'existentialisme. C'est le cas de Kafka (*Le Procès*, 1925) dont le pessimisme et la description d'une absurdité du monde sont très « existentialistes », tout comme dans le théâtre de l'absurde de Samuel Beckett ou Eugène Ionesco, et chez Jean Genet. Les romans d'André Malraux (*La Condition humaine*, 1933) sont marqués par un même sentiment d'absurdité face au monde et à l'existence, et préfigurent en quelque sorte l'existentialisme à venir. On comprend donc que l'existentialisme n'est pas un courant purement littéraire mais d'abord philosophique. C'est par un glissement de sens que l'on attribue certaines oeuvres à ce mouvement car il représente tout un état d'esprit, celui de l'après-guerre. Face aux traumatismes récents du XXe siècle naissent des questionnements sur l'existence et sur la place que doit occuper l'homme sur la terre. C'est en tant que témoignages de ces pensées que l'on peut rassembler ces oeuvres sous la bannière d'une littérature existentialiste.

DANS LA MÊME COLLECTION
(par ordre alphabétique)

- **Anonyme**, *La Farce de Maître Pathelin*
- **Anouilh**, *Antigone*
- **Aragon**, *Aurélien*
- **Aragon**, *Le Paysan de Paris*
- **Austen**, *Raison et Sentiments*
- **Balzac**, *Illusions perdues*
- **Balzac**, *La Femme de trente ans*
- **Balzac**, *Le Colonel Chabert*
- **Balzac**, *Le Lys dans la vallée*
- **Balzac**, *Le Père Goriot*
- **Barbey d'Aurevilly**, *L'Ensorcelée*
- **Barbey d'Aurevilly**, *Les Diaboliques*
- **Bataille**, *Ma mère*
- **Baudelaire**, *Les Fleurs du Mal*
- **Baudelaire**, *Petits poèmes en prose*
- **Beaumarchais**, *Le Barbier de Séville*
- **Beaumarchais**, *Le Mariage de Figaro*
- **Beauvoir**, *Mémoires d'une jeune fille rangée*
- **Beckett**, *Fin de partie*
- **Brecht**, *La Noce*
- **Brecht**, *La Résistible ascension d'Arturo Ui*
- **Brecht**, *Mère Courage et ses enfants*
- **Breton**, *Nadja*
- **Brontë**, *Jane Eyre*
- **Camus**, *L'Étranger*
- **Carroll**, *Alice au pays des merveilles*
- **Céline**, *Mort à crédit*
- **Céline**, *Voyage au bout de la nuit*

- **Chateaubriand**, *Atala*
- **Chateaubriand**, *René*
- **Chrétien de Troyes**, *Perceval*
- **Cocteau**, *Les Enfants terribles*
- **Colette**, *Le Blé en herbe*
- **Corneille**, *Le Cid*
- **Crébillon fils**, *Les Égarements du cœur et de l'esprit*
- **Defoe**, *Robinson Crusoé*
- **Dickens**, *Oliver Twist*
- **Du Bellay**, *Les Regrets*
- **Dumas**, *Henri III et sa cour*
- **Duras**, *L'Amant*
- **Duras**, *La Pluie d'été*
- **Duras**, *Un barrage contre le Pacifique*
- **Flaubert**, *Bouvard et Pécuchet*
- **Flaubert**, *L'Éducation sentimentale*
- **Flaubert**, *Madame Bovary*
- **Flaubert**, *Salammbô*
- **Gary**, *La Vie devant soi*
- **Giraudoux**, *Électre*
- **Giraudoux**, *La Guerre de Troie n'aura pas lieu*
- **Gogol**, *Le Mariage*
- **Homère**, *L'Odyssée*
- **Hugo**, *Hernani*
- **Hugo**, *Les Misérables*
- **Hugo**, *Notre-Dame de Paris*
- **Huxley**, *Le Meilleur des mondes*
- **Jaccottet**, *À la lumière d'hiver*
- **James**, *Une vie à Londres*
- **Jarry**, *Ubu roi*
- **Kafka**, *La Métamorphose*
- **Kerouac**, *Sur la route*
- **Kessel**, *Le Lion*

- **La Fayette**, *La Princesse de Clèves*
- **Le Clézio**, *Mondo et autres histoires*
- **Levi**, *Si c'est un homme*
- **London**, *Croc-Blanc*
- **London**, *L'Appel de la forêt*
- **Maupassant**, *Boule de suif*
- **Maupassant**, *Le Horla*
- **Maupassant**, *Une vie*
- **Molière**, *Amphitryon*
- **Molière**, *Dom Juan*
- **Molière**, *L'Avare*
- **Molière**, *Le Malade imaginaire*
- **Molière**, *Le Tartuffe*
- **Molière**, *Les Fourberies de Scapin*
- **Musset**, *Les Caprices de Marianne*
- **Musset**, *Lorenzaccio*
- **Musset**, *On ne badine pas avec l'amour*
- **Perec**, *La Disparition*
- **Perec**, *Les Choses*
- **Perrault**, *Contes*
- **Prévert**, *Paroles*
- **Prévost**, *Manon Lescaut*
- **Proust**, *À l'ombre des jeunes filles en fleurs*
- **Proust**, *Albertine disparue*
- **Proust**, *Du côté de chez Swann*
- **Proust**, *Le Côté de Guermantes*
- **Proust**, *Le Temps retrouvé*
- **Proust**, *Sodome et Gomorrhe*
- **Proust**, *Un amour de Swann*
- **Queneau**, *Exercices de style*
- **Quignard**, *Tous les matins du monde*
- **Rabelais**, *Gargantua*
- **Rabelais**, *Pantagruel*

- **Racine**, *Andromaque*
- **Racine**, *Bérénice*
- **Racine**, *Britannicus*
- **Racine**, *Phèdre*
- **Renard**, *Poil de carotte*
- **Rimbaud**, *Une saison en enfer*
- **Sagan**, *Bonjour tristesse*
- **Saint-Exupéry**, *Le Petit Prince*
- **Sarraute**, *Enfance*
- **Sarraute**, *Tropismes*
- **Sartre**, *Huis clos*
- **Sartre**, *La Nausée*
- **Senghor**, *La Belle histoire de Leuk-le-lièvre*
- **Shakespeare**, *Roméo et Juliette*
- **Steinbeck**, *Les Raisins de la colère*
- **Stendhal**, *La Chartreuse de Parme*
- **Stendhal**, *Le Rouge et le Noir*
- **Verlaine**, *Romances sans paroles*
- **Verne**, *Une ville flottante*
- **Verne**, *Voyage au centre de la Terre*
- **Vian**, *J'irai cracher sur vos tombes*
- **Vian**, *L'Arrache-cœur*
- **Vian**, *L'Écume des jours*
- **Voltaire**, *Candide*
- **Voltaire**, *Micromégas*
- **Zola**, *Au Bonheur des Dames*
- **Zola**, *Germinal*
- **Zola**, *L'Argent*
- **Zola**, *L'Assommoir*
- **Zola**, *La Bête humaine*
- **Zola**, *Nana*
- **Zola**, *Pot-Bouille*

Milton Keynes UK
Ingram Content Group UK Ltd.
UKHW020936181223
434584UK00004BA/439